Optimierte Krafttrainingsplanung über 6 Monate. Ein ganzheitlicher Ansatz zur Leistungssteigerung

Caya Michaely

Bibliografische Information der Deutschen Nationalbibliothek:

Die Deutsche Nationalbibliothek verzeichnet diese Publikation in der Deutschen Nationalbibliografie; detaillierte bibliografische Daten sind im Internet über http://dnb.d-nb.de abrufbar.

ISBN: 9783389026229
Dieses Buch ist auch als E-Book erhältlich.

© GRIN Publishing GmbH
Trappentreustraße 1
80339 München

Druck und Bindung: Books on Demand GmbH, Norderstedt Germany
Gedruckt auf säurefreiem Papier aus verantwortungsvollen Quellen

Das Buch bei GRIN: https://www.grin.com/document/1473915

Deutsche Hochschule für

Prävention und Gesundheitsmanagement

Hermann Neuberger Sportschule 3

66123 Saarbrücken

Einsendeaufgabe

Fachmodul: Trainingslehre I

Studiengang: Sportökonomie

Datum
Präsenzphase: 07.12. – 10.12.2020

Name, Vorname: Michaely, Caya- Marie

Studienort: Hamburg

Semester: Sommersemester 2020

Inhaltsverzeichnis

1 Lösung Aufgabe 1 - Diagnose

1.1 Lösung Teilaufgabe 1.1 – Allgemeine und biometrische Daten

Tabelle 1: Datensammlung zur fiktiven Person P.T.

Parameter	Daten
Alter	45 Jahre
Geschlecht	männlich
Körpergröße	1,88 m
Körpergewicht	102 kg
Blutdruck	145/90 mmHg (Hypertonie Stufe 1), vor einem Jahr diagnostiziert
Berufliche Tätigkeit	Finanzbuchhalter
Aktuelle sportliche Aktivitäten	Keine
Frühere sportliche Aktivitäten	Handball bis vor ca. 15 Jahren (2-mal wöchentlich als Freizeitsport), Krafttraining bis vor ca. 5 Jahren (2-mal wöchentlich als Freizeitsport), Joggen seit 5 Jahren (unregelmäßig)
Zeitlicher Verfügungsrahmen	2-3 mal pro Woche für ca. 1 Stunde
Trainingsmotive	Verringerung der Rückenschmerzen, Gewichtsreduktion, gesünderen Lebensstil, Ausgleich zum Bürojob (Stress abbauen, abschalten)
Regelmäßige Medikamenteneinnahme	Bisher keine, evtl. bald Blutdrucksenker
Raucher	Nein
Orthopädische Beschwerden	Starke Rückenschmerzen im Lendenwirbelsäulen- und Brustwirbelsäulen- Bereich (bisher kein diagnostizierter Bandscheibenvorfall), leichter Buckel in der Brustwirbelsäule durch Bürotätigkeit und vieles Sitzen
Sonstige gesundheitliche Einschränkungen	Keine vor 20 Jahren einen Kreuzbandriss links, aber nach OP keine weiteren Einschränkungen dadurch
Ärztliche Behandlungen	Untersuchungen und Diagnose hinsichtlich des hohen Blutdrucks, verschriebene Krankengymnastik vor ca. einem Jahr und teilweise Schmerzmittel wegen der Rückenschmerzen

Der Blutdruck von P.T. ist zu hoch und fällt daher in die Stufe 1 der Hypertonie. Folgende Normwerte der European Society of Cardiology (Williams et al., 2018, S. 10) können zur Einordnung verwendet werden:

optimaler Blutdruck: systolisch <120, diastolisch <80

Normaler Blutdruck: s. 120-129, d. 80-84

Hoch- normaler Blutdruck: s. 130-139, d. 85-89

Milde Hypertonie (Stufe 1): s. 140-159, d. 90-99

Mittlere Hypertonie (Stufe 2): s. 160-179, d. 100-109

Schwere Hypertonie (Stufe 3): s. >=180, d. >=110

Hinsichtlich der Belastbarkeit und Trainierbarkeit von P.T. sollte man mit leichten Intensitäten starten und ihn wieder langsam an das Krafttraining heranführen, da er lange keinen regelmäßigen Sport betrieben hat und zurzeit auch gesundheitliche Probleme hat, auf die Rücksicht genommen werden muss. Damit es nicht zu hohen Blutdruckspitzen kommt, ist hier ein sanfter Einstieg wichtig. Allerdings ist bereits Erfahrung vorhanden, weswegen die Übungen, Geräte teilweise schon bekannt sein werden und die Ausführung daher etwas sicherer sein wird als bei einem Anfänger ohne Erfahrung. Daher ist es nach einer Eingewöhnungsphase evtl. auch bald möglich anspruchsvollere, freie Übungen in den Trainingsplan zu involvieren.

1.2 Lösung Teilaufgabe 1.2 – Krafttestung

P.T. macht an den Trainingsgeräten eine Intensitätsbestimmung über das subjektive Belastungsempfinden, weil andere Krafttests wie Maximalkraft- oder Mehrwiederholungskrafttests eine große körperliche Belastung mit sich bringen. Denn dort wird das maximal mögliche Gewicht getestet, was für einen Wiedereinsteiger und in diesem Fall auch gesundheitlich eingeschränkten Sportler eine große Belastung darstellt, welche im Gesundheitssport vermieden werden sollte. Da P.T. schon Rückenprobleme und Bluthochdruck hat, sollte man Überlastungen vermeiden, damit diese keine weiteren Verletzungen oder Verschlechterungen seines Zustandes verursachen. Bei ihm sollte sich auf ein moderates Krafttraining zur Verbesserung des Gesundheitszustandes konzentriert werden. Daher wird hier die Methode der Intensitätsbestimmung über das subjektive Belastungsempfinden gewählt, um den Sportler nicht zu überlasten und so sein Trainingsgewicht zu bestimmen. Da dieser bereits schon mal Erfahrung im Krafttraining gemacht hat, kann er evtl. auch gut einschätzen, wie viele Wiederholungen möglich sind und wann seine Grenze erreicht ist. Das subjektive Belastungsempfinden kann über verschiedene Skalen ermittelt werden. Bei dieser Testung wird die siebenstufige Skala nach Boeckh- Behrens, Buskies & Beier (2002) genutzt, die besonders bei Trainingsbeginnern eingesetzt wird, um die Intensitätsbestimmung zu erleichtern. Zunächst wird P.T. der Ablauf des Tests und die Skala erklärt: Stufe 1 bedeutet sehr leicht, Stufe 2 leicht, Stufe 3 leicht bis mittel, Stufe 4 mittel, Stufe 5 mittel bis schwer, Stufe 6 schwer und Stufe 7 sehr schwer. Er soll nach jeder Übung bestimmen, wie anstrengend diese für ihn war. Im optimalen Fall sollte sein Wert zwischen 4 und 6 auf der Skala liegen. Dann geht er zu seiner ersten Übung, dem Latzug, und P.T. macht zunächst einen Aufwärmsatz. Anschließend stellt der Trainer ein geschätztes Gewicht ein (16,5 kg), von dem dieser denkt, dass P.T. dieses Gewicht auf jeden Fall mit mittlerer bis schwerer Anstrengung 20-mal bewegen kann. Nach der Ausführung des Satzes bestimmt P.T. die Belastung über die Skala (Stufe 5). Wenn sein Wert zwischen der vierten und der sechsten Stufe liegt, kann der Trainer das Gewicht für diese Übung als Endergebnis notieren. Wenn die Belastung unter der 4. Stufe lag, wird das Gewicht erhöht und erneut ein Satz durchgeführt. Bei einer zu hohen Belastung wird das Gewicht reduziert. Es ist wichtig, dass P.T. sich bei dem Test fit fühlt, gesund ist und vorher noch keinen anderen Sport gemacht hat (bis auf die Erwärmung).

Tabelle 2: Krafttest über das subjektive Belastungsempfinden mit P.T.

Übung	Testgewicht	Subjektive Bewertung	Testendergebnis
Latzug	16,5 kg	5	16,5 kg
Rudern	25 kg	7	
	20 kg	5-6	20 kg
Beinpresse	40 kg	3	
	50 kg	5	50 kg
Reverse Fly	20 kg	5	20 kg
Fly	32,5 kg	4-5	32,5 kg

Wenn die Belastung bei dem Testgewicht bei einer Übung für P.T. passt (also Stufe 4-6), ist dies auch das Trainingsgewicht für den Trainingsplan. Somit wird die Trainingsintensität direkt aus dem Ergebnis des Krafttests übernommen.

Da besonders Anfänger, die noch nie ihre maximale Kraft ausgetestet haben, die Belastung evtl. nicht so gut einschätzen können bzw. das Körpergefühl noch fehlt, ist eine realistische Einordnung oft schwierig. Zudem fehlen anfangs auch oft koordinative Fähigkeiten, da die Bewegungen und Übungen neu und ungewohnt sind. So wird eine Anstrengung evtl. höher eingeschätzt, als sie für den Körper ist. Daher gibt es keine Norm- oder Referenzwerte zur Leistungseinordnung oder zum Vergleich.

Aber es ist möglich, bei genauer Dokumentation und der regelmäßigen Wiederholung des Tests, die Leistungsentwicklung des Sportlers aufzuzeigen. Dabei ist es wichtig, dass der Sportler bei dem Test immer in einer gleich guten körperlichen Verfassung ist. Man sollte sich daher auf einen festen Tag und eine feste Uhrzeit in einem bestimmten Rhythmus (z.B. alle 2 Monate) einigen, an dem dann der Test wiederholt wird. Die Werte können dann mit den vorherigen Tests verglichen werden und so wird im optimalen Fall die Steigerung der Leistung sichtbar, was ebenso die Motivation des Sportlers positiv beeinflusst.

2   Lösung Aufgabe 2 – Zielsetzung/ Prognose

Tabelle 3: Zielsetzung P.T.

Nummer	Inhalt	Ausmaß	Zeit
1.	Senkung des Blutdruck	Um 20 mmHg systolisch und 10 mmHg diastolisch	In 7 Monaten
2.	Gewichtsreduktion	Um min. 4 kg	In 3 Monaten
3.	Kraftsteigerung in dem Test über das subjektive Belastungsempfinden	Um 20%	In 6 Wochen

1. Der Blutdruck soll in 7 Monaten um 20 mmHg systolisch und 10 mmHg diastolisch sinken.

P.T. hat die Diagnose Hypertonie Stufe 1 von seinem Arzt erhalten und würde bald Medikamente zur Senkung des Blutdrucks bekommen. Da es prinzipiell möglich ist, den

Blutdruck durch regelmäßiges Krafttraining wieder in den Normalbereich zu bringen und P.T. keine Medikamente nehmen möchte, ist dies ein wichtiges Ziel für ihn. Außerdem möchte P.T. allgemein ein gesünderes Leben führen und sein Risiko auf Herz- Kreislauf-Erkrankungen dadurch verringern.

2. Das Gewicht soll in 3 Monaten um mindestens 4 kg reduziert werden.

Für einen gesünderen Lebensstil und die Senkung des Blutdrucks ist auch ein normales Gewicht wichtig. Mit 102 kg ist P.T. etwas übergewichtig. Wenn er Gewicht verliert, kann das auch andere Faktoren wie den hohen Blutdruck oder die Rückenschmerzen positiv beeinflussen und er fühlt sich wieder wohl in seinem Körper. Eine ganz wichtige Rolle spielt hierbei aber auch die Ernährung. Krafttraining allein reicht nicht aus, um das Gewicht zu reduzieren. Auf die Ernährung kann man als Trainer allerdings nur bedingt Einfluss nehmen, hier ist der Sportler vor allem selbst gefragt. Auch hier wird das Risiko einer Herz- Kreislauf- Erkrankung durch die Gewichtsreduktion verringert.

3. Die Kraft soll in dem Test über das subjektive Belastungsempfinden in 6 Wochen um 20% gesteigert werden.

Durch die regelmäßige Wiederholung des Tests und das Aufzeigen der Erfolge hält man die Motivation bei dem Sportler hoch. Gerade am Anfang eines Krafttrainings sind hohe Kraftsteigerungen möglich. Bei P.T. liegt der Fokus hier vor allem auf der Rücken- und Bauchmuskulatur, da er durch das viele Sitzen und die wenige Bewegung oft starke Rückenschmerzen hat und so auch die Gefahr eines Bandscheibenvorfalls (BSV) hoch sein kann. Um derartige Erkrankungen zu vermeiden und die Schmerzen loszuwerden, möchte P.T. seine Kraft steigern.

3   Lösung Aufgabe 3 – Trainingsplanung Makrozyklus

Tabelle 4: Makrozyklusplanung für P.T.

Übergeordnete Krafttrainingsmethode:	Sanftes Krafttraining nach dem subjektiven Belastungsempfinden nach Boeckh- Behrens			
	Mesozyklus 1	**Mesozyklus 2**	**Mesozyklus 3**	**Mesozyklus 4**
Zyklusdauer	6 Wochen	6 Wochen	8 Wochen	8 Wochen
Spezifisches Trainingsziel	Kraftausdauertraining	Kraftausdauertraining	Muskelaufbautraining	Muskelaufbautraining
Einheiten/ Woche	2-3	2-3	3	3
Organisationsform	Ganzkörpertraining, Zirkeltraining	Ganzkörpertraining, Zirkeltraining	Ganzkörpertraining, Stationstraining	Ganzkörpertraining, Stationstraining
Übungen/ Muskelgruppe	1-2	1-2	1-2	1-2
Sätze/ Übung	2-3	2-3	3	3
Satzpausen	1-2 min	1-2 min	2-4 min	2-4 min
Wiederholungen	20	15	12	10
Intensität	Stufe 4-6	Stufe 4-6	Stufe 4-6	Stufe 4-6
Bewegungstempo	Zügig und kontrolliert (2/0/2)	Zügig und kontrolliert (2/0/2)	Zügig und kontrolliert (2/0/2)	Zügig und kontrolliert (2/0/3)

Hier wird das Sanfte Krafttraining nach dem subjektiven Belastungsempfinden nach Boeckh- Behrens, Buskies & Beier (2002) angewendet, da P.T. ein Wiedereinsteiger nach langer Pause ist und der Fokus auf dem gesundheitsorientierten Training liegen soll. Ein langsamer Einstieg ist hier wichtig, um eine Überlastung zu vermeiden. Seine gesundheitlichen Einschränkungen wie die Rückenschmerzen, das Übergewicht und der Bluthochdruck müssen berücksichtigt werden. Zudem passt diese Methode zu dem ausgewählten Krafttest über das subjektive Belastungsempfinden.

Die Zyklusdauer liegt bei den ersten beiden Mesozyklen bei 6 Wochen, weil gerade in der ersten Zeit sehr schnell Anpassungen im Körper zu beobachten sind, weswegen nach ca. 6 Wochen neue Trainingsreize gesetzt werden sollten. Zudem ist gerade am Anfang eine enge Trainingsbetreuung mit wechselnden Trainingsplänen wichtig, um die Motivation des Sportlers hochzuhalten. Maximal 2 Monate sollte ein Mesozyklus andauern, bevor neue Übungen und neue Reize gesetzt werden. Für das Muskelaufbautraining im dritten und vierten Mesozyklus sind daher 8 Wochen gewählt.

Zudem ist die Periodisierung der Mesozyklen so geplant, damit die gesteckten Ziele von P.T. auch realistisch sind und er diese erreichen kann. Nach dem ersten Mesozyklus wird den Krafttest vom Beginn wiederholt und die Kraftsteigerung kann so gemessen werden. Seine Kraft soll dann um 20% gestiegen sein, was ein realistisches Ziel ist (Gottlob, 2013, S. 2) und ihm seine ersten Erfolge aufzeigen wird. Nach dem zweiten Mesozyklus geht es für P.T. auf die Waage um zu schauen, ob er sein Gewicht reduzieren konnte. Auch nach dem 4. Mesozyklus geht es um die Zielerreichung eines der drei Ziele. Der hohe Blutdruck von P.T. soll durch das 7-monatige, regelmäßige Krafttraining wieder in einem normalen Bereich liegen. Somit ist die Dauer der Mesozyklen immer an die Zielsetzung von P.T. gekoppelt.

In den ersten beiden Mesozyklen wird die Kraftausdauer trainiert, sodass das Herz- Kreislauf- System und der Stoffwechsel in Schwung kommen und die passiven Strukturen des Körpers nicht zu sehr beansprucht werden, da diese immer etwas länger brauchen als die Muskeln, um sich anzupassen (Komi, 1994, S. 98).

Im dritten und vierten Mesozyklus wechselt P.T. dann zu einem moderaten Muskelaufbautraining, bei dem durch die niedrigeren Wiederholungszahlen ein etwas höheres Gewicht möglich ist. Für P.T. ist es wichtig, dass er Muskeln aufbaut und dadurch stärker wird, da er dann z.B. seinen Rumpf besser stabilisieren kann und im Alltag so weniger Rückenschmerzen hat (Denner, 1998).

Da P.T. 2-3-mal in der Woche Zeit hat um eine Stunde Sport zu treiben, wird seine zeitliche Verfügbarkeit auch in der Makrozyklusplanung berücksichtigt. Davon abgesehen muss es eine Regelmäßigkeit im Training geben, damit der Sportler sich verbessert. Das Prinzip der optimalen Relation zwischen Belastung und Erholung spielt hierbei eine wichtige Rolle. Daher wäre 2-mal Training pro Woche hier das Minimum.

Bei jedem Mesozyklus bekommt P.T. einen Ganzkörper- Trainingsplan, da er Wiedereinsteiger ist und ein Split Training eine hohe körperliche Belastung und Risiko für ihn darstellt. Ein Split Training sollte nur bei fortgeschrittenen Sportler zur Anwendung kommen. Zudem müsste seine verfügbare Zeit dann größer sein, damit er alle Muskelgruppen regelmäßig trainieren kann. Daher beginnt er für die ersten 6 Monate mit einem Ganzkörpertrainingsplan und macht die Übungen in den ersten beiden Mesozyklen im Zirkeltraining und dann im Stationstraining. Beim Zirkeltraining ist das Training anfangs noch etwas kürzer und die jeweiligen Muskelgruppen können sich immer ausreichend erholen, bevor sie wieder beansprucht werden. Außerdem kommt es hier zu den geringsten Blut-druckspitzen. Beim Stationstraining benötigt er etwas mehr Zeit für das gesamte Training, da es mehr Pausenzeiten gibt und es wird etwas anstrengender, das er erst bei einer Mus-kelgruppe alle Sätze trainiert, bevor er zur nächsten Übung wechselt.

Die Übungen pro Muskelgruppe liegen durchgehend bei 1-2, da er ein Ganzkörpertrai-ning macht und daher zeitlich nicht mehr Übungen möglich wären. Die Muskelgruppen, die für P.T. wichtiger sind, wie der Rücken und der Bauch, sollten 2 Übungen im Trai-ningsplan bekommen, und andere, für ihn nicht so relevante, Muskelgruppen, wie die Brust, sollten dann nur mit einer Übung trainiert werden.

Die Satzanzahl pro Übung sind bei den ersten beiden Mesozyklen auf 2-3 begrenzt, da gerade am Anfang teilweise auch 2 Sätze ausreichend sind, um einen überschwelligen Reiz zu setzen. Aber wenn es dann zum Muskelaufbautraining geht, sollten immer 3 Sätze pro Übung absolviert werden, weil dort noch ein höherer Reiz gesetzt werden soll als beim Kraftausdauertraining, damit eine Hypertrophie stattfindet.

In den ersten beiden Mesozyklen sind die Satzpausen relativ kurz, da der Sportler sich hier nicht vollständig erholen soll, bevor der nächste Satz beginnt. Die Satzpausen sind aber prinzipiell nach dem subjektiven Belastungsempfinden des Sportlers zu wählen, hier muss nicht genau auf die Uhr geschaut werden.

Bei dem Muskelaufbautraining ist es wichtig, dass die Muskeln sich erholen können, be-vor es weitergeht und da die Belastung durch das höhere Gewicht hier auch insgesamt höher ist, benötigt der Körper mehr Zeit für die Erholung nach einem Satz. Daher sind hier 2-4 min. angesetzt (Güllich & Schmidtbleicher, 1999), die aber ebenso nur eine Ori-entierung für den Sportler sein sollen.

Die Wiederholungszahlen orientieren sich an der spezifischen Trainingsmethode (Boeckh- Behrens, Buskies & Beier, 2002). Bei dem Kraftausdauertraining trainiert P.T. mit hohen Wiederholungszahlen, um seine Kraftausdauer zu verbessern. Beim Mus-kelaufbautraining hingegen sinken die Wiederholungszahlen, da hier ein stärkerer über-schwelliger Reiz in den Muskeln gesetzt werden muss, sodass eine Hypertrophie stattfin-den kann.

Das Gewicht verändert sich dementsprechend laufend, aber die Intensität sollte der Sport-ler immer mit der Stufe 4 bis 6 auf der Skala bewerten, sodass es für ihn immer mittel bis schwer ist (Boeckh- Behrens, Buskies & Beier, 2002). Anfangs kann die Bewertung eher bei der Stufe 4 liegen, aber im dritten und vierten Mesozyklus darf die Belastung auch gerne in Richtung der Stufe 6 gehen.

Die Bewegungen sollten zügig, aber nicht zu schnell, ausgeführt werden, da P.T. die Übungen nicht kennt oder sehr lange nicht gemacht hat und der gesamte Körper sich zunächst daran gewöhnen muss. Um also Verletzungen oder technisch falsche Ausführungen zu vermeiden, ist hier eine kontrollierte Ausführung wichtig. Als Orientierung dient hier zwei Sekunden für die konzentrische Phase, null Sekunden für die haltende Phase und wieder zwei Sekunden für die exzentrische Phase. Im letzten Mesozyklus wird die exzentrische Phase betont, da dies einen größeren Hypertrophieeffekt bewirkt (Haller, 2007). Zudem passiert es bei einer zu schnellen Ausführung oft, dass man mit Schwung arbeitet und die Kraft nicht aus den eigentlichen Agonisten der Übung holt. Daher kann man bei einer zügigen, aber kontrollierten, Ausführung besser darauf achten, bewusst die Muskelgruppen zu aktivieren, um die es bei der Übung auch geht.

4 Lösung Aufgabe 4 – Trainingsplanung Mesozyklus

Tabelle 5: Planung Mesozyklus 1 für P.T.

	Bein-presse	Rudern am Ka-belzug mit 2 Griffen	Reverse Fly	Fly	Außen-rotation Schulter mit Therab-and	Seit-stütz statisch	Crun-ches
Zyklusdauer	6 Wochen						
Spezifisches Trainingsziel	Kraftausdauertraining						
Organisations-form	Ganzkörpertraining, Zirkeltraining						
Einheiten/ Wo-che	2-3						
Übungen/ Mus-kelgruppe	1-2						
Sätze/ Übung	3	3	3	2	2	3	3
Wiederholungen	20	20	20	20	20	15 sek.	20
Satzpausen	1-2 min						
Intensität	Stufe 4-6						
Bewegungs-tempo	Zügig und kontrolliert (2/0/2)						

Der Schwerpunkt bei den Übungen liegt auf den großen Muskeln (Graves & Franklin, 2001, S. 246-249) und vor allem auf den Rücken- und den Bauchmuskeln, da diese besonders gestärkt werden müssen, damit P.T. eine bessere Körperhaltung und weniger Rückenschmerzen hat (Denner, 1998). Andere kleine Muskelgruppen wie die Waden oder die Armmuskeln verbessern seinen Gesundheitszustand kaum und sind daher nicht so relevant in diesem Fall. Daher reicht es, wenn diese Muskelgruppen bei den Übungen erstmal nur als Synergisten mittrainiert werden. Aus diesem Grund sind es überwiegend mehrgelenkige Übungen, da es für P.T. wichtig ist, die großen Muskelgruppen zu stärken und diese meist über mehrere Gelenke in Muskelketten trainiert werden (Haff, 2000). Diese Übungen sind auch anstrengender und oft alltagsnaher und bringen so sein Herz-Kreislauf-System besser in Schwung als eingelenkige Übungen (Hois & Ziegner, 2006). Da P.T. lange kein Krafttraining oder anderen Sport betrieben hat, beginnt er hauptsächlich mit geführten Übungen an Maschinen, damit er diese technisch korrekt (wieder-) erlernen kann, bevor es an kompliziertere Übungen geht.

Die erste Übung beansprucht als Agonisten den m. quadrizeps femoris, den m. biceps femoris und den m. gluteus maximus. Die Übung ist eine gute Vorbereitung auf Kniebeugen und eine sehr alltagsnahe Bewegung. Es ist wichtig, dass die Beine kräftig sind, um das Körpergewicht tragen zu können und um eine Überlastung oder einen Verschleiß der passiven Strukturen wie Gelenke oder Knorpel zu vermeiden. Da P.T. übergewichtig ist, ist es wichtig, dass er auch seine Beinmuskeln trainiert.

Das Rudern am Kabelzug mit 2 Griffen ist schon etwas anspruchsvoller als das Rudern am geführten Gerät. Es ist wichtig, dass er von Anfang an auch schon Übungen macht, bei denen er seinen Rumpf selbstständig stabilisieren muss. Bei dieser Übung werden der m. latissimus dorsi, der Kapuzenmuskel, die Rautenmuskeln und auch hintere Schultermuskeln trainiert. Die aufrechte Haltung wird gestärkt und dem Buckel in der Brustwirbelsäule (BWS) so entgegengewirkt. Durch die zwei getrennten Griffe können eventuell bestehende Dysbalancen in den Armen ausgeglichen werden.

Beim Reverse Fly werden auch die Rautenmuskeln, der Kapuzenmuskel und Teile der hinteren Schultermuskeln angesprochen. Hier werden also gezielt die Muskeln zwischen, unter oder auf den Schulterblättern trainiert, die diese zusammenziehen und so für eine aufrechte Haltung sorgen. Da diese Bewegung zuerst meist ungewohnt und schwer für viele Sportler ist, wird hierfür die geführte Maschine gewählt. Um auch den Antagonisten, den Brustmuskel, nicht zu vernachlässigen, kommt als nächste Übung der Fly. Die

Übung eignet sich gut für P.T., weil viele andere Brustmuskelübungen, wie z.B. Bankdrücken, im Liegen ausgeführt werden und dies bei einem Hypertoniker vermieden werden sollte (Graves & Franklin, 2001, S. 246-249). Die Brustmuskeln sind für P.T. bezogen auf seinen Gesundheitszustand nicht sehr wichtig, aber man sollte nicht nur eine Seite trainieren und den Antagonisten komplett weglassen. Daher absolviert er eine Übung für die Brustmuskeln mit 2 Sätzen. Dabei ist es aber sehr wichtig auf eine aufrechte Körperhaltung bei der Ausführung zu achten, damit die vorgebeugte Haltung nicht noch mehr begünstigt wird.

Durch die vorgezogenen Schultern vom Arbeiten am Computer entstehen auch oft Schmerzen im Schultergelenk, das sogenannte Impingement- Sndrom, denen bei P.T. mit der Übung Außenrotation mit dem Theraband präventiv entgegengewirkt werden soll. Bei der Übung werden einige Muskeln der Rotatorenmanschette gestärkt und so wird die aufrechte Haltung begünstigt. Da man bei dieser Bewegung nur wenig Kraft hat und sich sehr auf die technisch korrekte Ausführung konzentrieren muss, führt P.T. diese mit dem Theraband anstatt am Kabelzug durch, da am Kabelzug das geringste Gewicht meistens 2,5 kg beträgt. Das ist aber oft schon zu viel für die Außenrotation der Schulter. Hier steigt er auch erstmal mit 2 Sätzen ein, damit er sich an die komplizierte Bewegung gewöhnen kann.

Sehr wichtig ist bei P.T. auch die Stärkung der Bauch- und Rumpfmuskulatur (Bompa & Carrera, 2005, S. 47 f.). Daher macht er eine Übung für die seitlichen, querverlaufenden und eine für die geraden Bauchmuskeln. Beim statischen Seitstütz werden die querverlaufenden Bauchmuskeln je Seite trainiert. Um den Körper gerade in dem Seitstütz zu halten, müssen aber auch viele andere Muskeln als Synergisten stabilisieren, wie andere Bauchmuskeln, Gesäßmuskeln, Schultermuskeln. Er trainiert die Seiten links und rechts bei dieser Übung immer abwechselnd. Das Gleichgewicht zu halten bei dem Seitstütz ist sehr schwer und daher beginnen wir mit der statischen Variante, bei der er sich nicht bewegen muss und sich komplett darauf konzentrieren kann, gerade und stabil zu bleiben. Bei den Crunches werden die geraden Bauchmuskeln trainiert. Die Bauchmuskeln stabilisieren den Rumpf und die Wirbelsäule und spielen für die Reduzierung der Rückenschmerzen eine wichtige Rolle.

Da P.T. Hypertoniker ist, sollte man bei allen Übungen immer darauf achten, dass der Kopf über der Herzlinie gehalten wird (Graves & Franklin, 2001, S. 246-249). Daher hat er die Übungen Seitstütz statisch und Crunches in seinem Trainingsplan. Damit dies bei den Crunches auch eingehalten werden kann, sollte P.T. sich noch ein Kissen unter den Kopf legen.

5 Lösung Aufgabe 5 – Literaturrecherche

Tabelle 6: Zwei Studien zum Thema „Effekte des Krafttrainings bei Rückenbeschwerden"

	Studie 1 – „Kraftzuwachs nach aktiver Therapie bei Patienten mit chronischen Rückenschmerzen (LBP)" (Mannion, Dvorak, Taimela & Müntener, 2001)	Studie 2 – „Zusammenhang der Veränderungen psychologischer und subjektiv-beschwerdebezogener Parameter durch Training der Rumpfmuskulatur bei Rückenschmerzpatienten" (Michalski, Roick & Hinz, 2007)
Wer hat die Studie durchgeführt?	A.F. Mannion, J. Dvorak, S. Taimela, M. Müntener	D. Michalski, C. Roick, A. Hinz
Jahr der Publikation	2001	2007
Forschungsfrage	Wie verändert sich die isometrische Kraft der Rumpfmuskeln bei LBP- Patienten nach 3- monatigen verschiedenen „Trainingstherapien" und welche begleitenden funktionellen und morphologischen Veränderungen gibt es bei dem m. erector spinae?	In welchem Ausmaß ändern sich Beschwerdeprofil und vor allem psychologische Parameter unter den Bedingungen eines Trainingsprogramms?
Versuchspersonen	132 LBP- Patienten davon 57% Frauen, Aufnahmekriterien: jünger als 65 Jahre, länger als 3 Monate andauernde lumbale Rückenschmerzen, die zur Arbeitsunfähigkeit oder Behandlung führten	224 Rückenschmerzpatienten, Männer und Frauen gemischt von 18 bis 77 Jahren

	Studie 1 – „Kraftzuwachs nach aktiver Therapie bei Patienten mit chronischen Rückenschmerzen (LBP)" (Mannion, Dvorak, Taimela & Müntener, 2001)	Studie 2 – „Zusammenhang der Veränderungen psychologischer und subjektiv-beschwerdebezogener Parameter durch Training der Rumpfmuskulatur bei Rückenschmerzpatienten" (Michalski, Roick & Hinz, 2007)
Versuchsaufbau	Die Teilnehmer absolvierten 2-mal die Woche für 3 Monate Physiotherapie, Aerobic oder Krafttraining an Geräten (vorherige Einteilung in 3 Gruppen). Die isometrische Kraft der Rumpfmuskulatur bei Flexion, Extension, Seitneigung und axialer Rotation wurde mit speziellen Messgeräten vor Beginn der Studie und nach den 3 Monaten an Trainingsgeräten gemessen.	Die Teilnehmer absolvierten 24 Trainingseinheiten der Rumpf stabilisierenden Muskulatur und wurden sowohl davor als auch danach einer Befragung unterzogen. Es wurden körperliche Beschwerden, Schmerzintensität, Angst, Depression, Schmerzverhalten und Kontrollüberzeugungen als Parameter erhoben.
Relevante Ergebnisse und Schlussfolgerungen	Nach Abschluss wurden bei allen 4 Bewegungen eine signifikante Zunahme der maximalen Kraft gemessen. Abgesehen von der Extension lag die Gerätegruppe überall vorne (Kraftsteigerungen zwischen 10 und 35%). Es waren aber nur minimale Veränderungen in der Größe des m. erector trunci erkennbar. Die Zunahme der Kraft korrelierte nicht mit der Abnahme von Schmerz und Behinderung. Daher ist es fraglich, ob Kraftmessungen, abgesehen vom Aspekt der Motivation, für die Bestimmung des Erfolges eines Rehabilitationsprogramms klinisch bedeutend sind.	Es gab positive Veränderungen im Beschwerdeprofil und die Parameter wie Angst, Depression reduzierten sich mit Effektstärken zwischen 0,16 und 0,49. Körperliche Trainingsprogramme spielen eine wichtige Rolle bei Rückenschmerzpatienten und können sowohl körperliche als auch psychologische positive Effekte haben.

6   Literaturverzeichnis

Boeckh- Behrens, W.U., Buskies, W. & Beier, P. (2002). *Fitness- Krafttraining. Die besten Übungen und Methoden für Sport und Gesundheit* (6. Auflage). Reinbek bei Hamburg: Rowohlt

Bompa, T. O. & Carrera, M. C. (2005). *Periodization training for sports. Science-based strength and conditioning plans for 20 sports* (2. ed.). Champaign, IL: Human Kinetics

Denner, A. (1998). *Analyse und Training der wirbelsäulenstabilisierenden Muskulatur*. Berlin: Springer

Gottlob, A. (2013). *Differenziertes Krafttraining mit Schwerpunkt Wirbelsäule* (4.Auflage). München: Urban & Fischer

Graves, J. E. & Franklin, B. A. (2001). *Resistance training for health and rehabilitation* Champaign, III: Human Kinetics

Güllich, A. & Schmidtbleicher, D. (1999). Struktur der Kraftfähigkeiten und ihrer Trainingsmethoden. *Deutsche Zeitschrift für Sportmedizin, 50* (7/8), 223-234

Haff, G. G. (2000). Roundtable discussion: machines versus free weights. *Strength and Conditioning Journal, 22* (6), 18-30

Haller, N. (2007). *Bewegungsgeschwindigkeit im Krafttraining. Konzentrische und exzentrische Muskelarbeitsweise und deren Metabolismus*. Unveröffentlichte Dissertation. Universität Konstanz, Konstanz

Hois, G. & Ziegner, A. (2006). Grundlagen des mehrgelenkigen Trainings in Theorie und Praxis. *Bewegungstherapie und Gesundheitssport, 22*, 18-25

Komi, P.V. (1994). Der Dehnungs- Verkürzungszyklus. In P.V. Komi (Hrsg.), *Kraft und Schnellkraft im Sport* (S. 173-182). Köln: Deutscher Ärzte- Verlag

Mannion, A., Dvorak, J., Taimela, S. et al. (2001). Kraftzuwachs nach aktiver Therapie bei Patienten mit chronischen Rückenschmerzen (LBP). *Schmerz* **15**, 468–473.

Michalski, D., Roick, C. & Hinz, A. (2007). Zusammenhang der Veränderungen psychologischer und subjektiv-beschwerdebezogener Parameter durch Training der Rumpfmuskulatur bei Rückenschmerzpatienten. *Manuelle Medizin* **45**, 175–182.

Williams, B. et al. (2018). ESC/ESH Guidelines for the management of arterial hypertension. In: *European Heart Journal*, Vol. 39, Nr. 33, S. 3021-3104

7 Tabellenverzeichnis